Impressum
Verlag: BABADADA GmbH, Nedderfeld 112 , 22529 Hamburg
Geschäftsführer / Verlagsleitung: Harald Hof
Druck: Books on Demand GmbH, In de Tarpen 42, 22848 Norderstedt

Imprint
Publisher: BABADADA GmbH, Nedderfeld 112 , 22529 Hamburg, Germany
Managing Director / Publishing direction: Harald Hof
Print: Books on Demand GmbH, In de Tarpen 42, 22848 Norderstedt, Germany

școală

школа

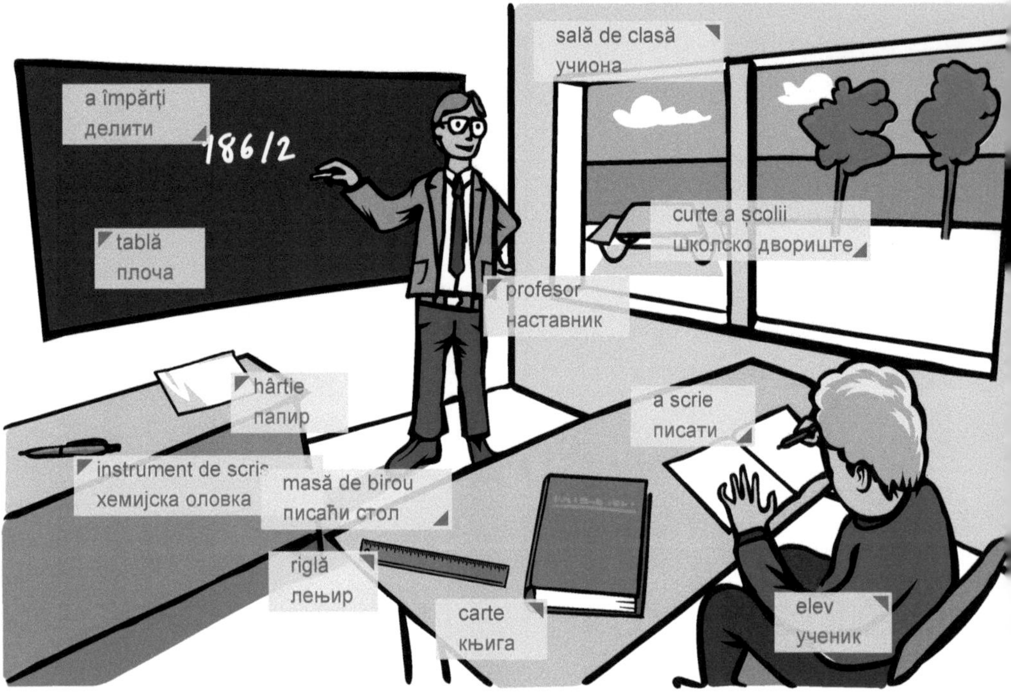

salǎ de clasǎ
учиона
a împǎrţi
делити
186/2
tablǎ
плоча
curte a şcolii
школско двориште
profesor
наставник
hârtie
папир
a scrie
писати
instrument de scris
хемијска оловка
masǎ de birou
писаħи стол
riglǎ
лењир
carte
књига
elev
ученик

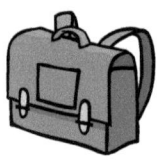

ghiozdan

торба

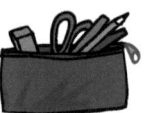

penar

перница

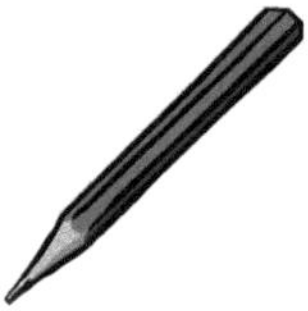

creion

графитна оловка

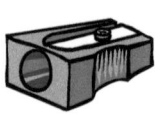

ascuțitoare

шиљило за оловке

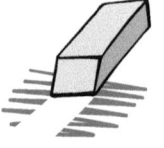

radieră

гумица за брисање

bloc de desen

блок за цртање

desen

цртеж

pensulă

кист

cutie de acuarele

кутија са бојама

foarfece

маказе

lipici

лепило

caiet de exerciţii

бележница

temă

домаћи задатак

număr

број

a aduna

сабирати

a scădea

одузимати

a multiplica

множити

a calcula

рачунати

literă

слово

alfabet

абецеда

cuvânt

реч

text
текст

a citi
читати

cretă
креда

oră
час

catalog
дневник

examen
испит

certificat
сведочанство

uniformă școlară
школска униформа

educație
образовање

enciclopedie
лексикон

universitate
универзитет

microscop
микроскоп

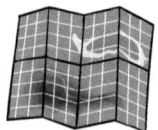

hartă
карта

coș de gunoi
кошара за папир

călătorie
путовање

hotel
хотел
Grand
hostel
преноћиште
ROOMS
EXCHANGE
casă de schimb valutar
мењачница
valiză
кофер
autovehicul
ауто

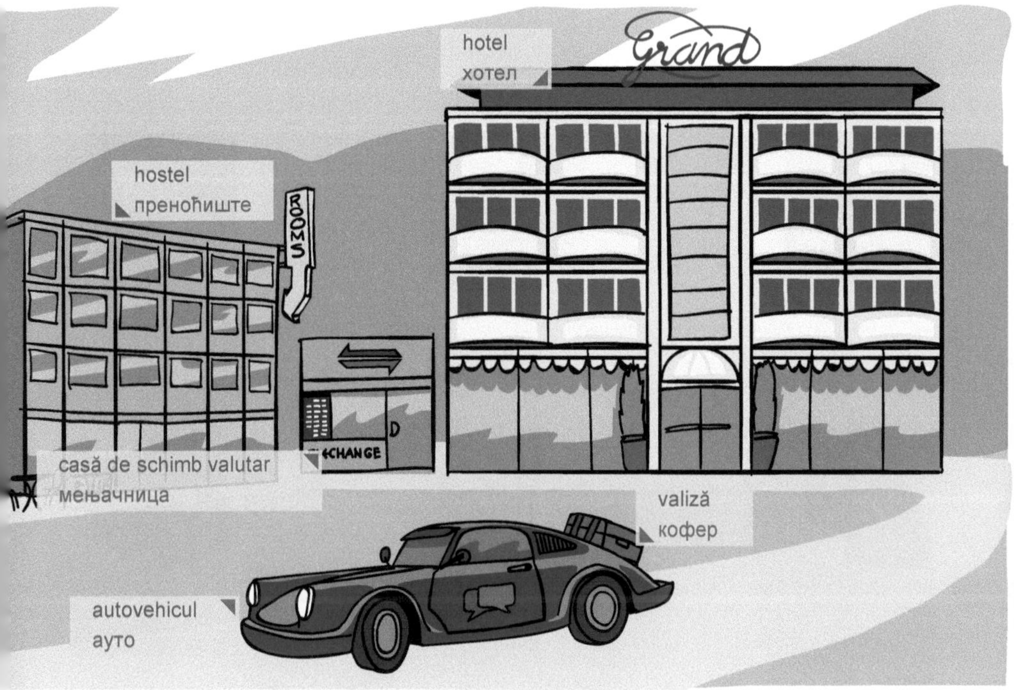

limbă

језик

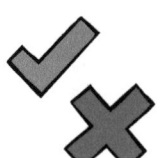

da/nu

да / не

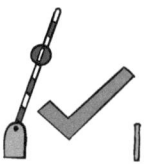

okay

океј

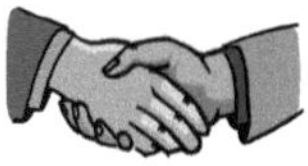

Bună!

здраво

interpret

преводилац

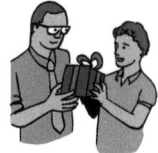

mulțumesc

хвала

Cât costă…?

Колико кошта…?

Nu înțeleg

не разумем

problemă

проблем

Bună seara!

добро вече!

Bună dimineața!

Добро јутро!

Noapte bună!

Лаку ноћ!

la revedere

довиђења

direcție

смер

bagaj

пртљага

geantă

торба

rucsac

руксак

oaspete

гост

cameră

соба

sac de dormit

врећа за спавање

cort

шатор

unct de informare turistică

уристичке информације

plajă

плажа

carte de credit

кредитна картица

mic dejun

доручак

masa de prânz

ручак

cină

вечера

bilet de călătorie

карта за вожњу

lift

лифт

timbru poştal

поштанска маркица

graniţă

граница

vamă

царина

ambasadă

амбасада

viză

виза

paşaport

пасош

transport

транспорт

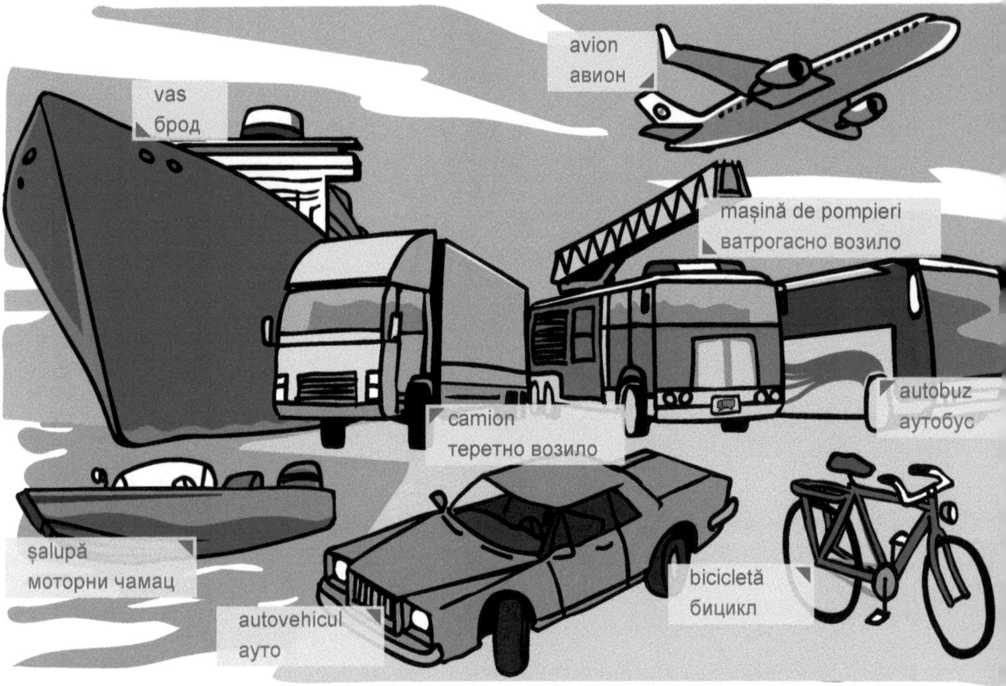

avion
авион
vas
брод
mașină de pompieri
ватрогасно возило
autobuz
аутобус
camion
теретно возило
șalupă
моторни чамац
bicicletă
бицикл
autovehicul
ауто

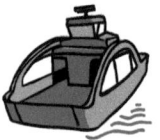

feribot

трајект

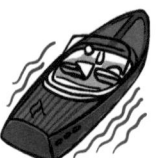

barcă

чамац

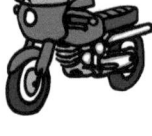

motocicletă

мотоцикл

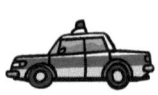

mașină de poliție

полицијски ауто

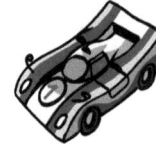

mașină de curse

тркаћи ауто

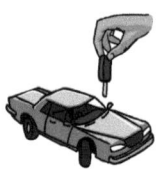

mașină închiriată

изнајмљено ауто

car sharing

дељење аутомобила

mașină de tractat

вучно возило

mașină de gunoi

возило за одвоз смећа

motor

мотор

combustibil

бензин

benzinărie

бензинска станица

semn de circulație

саобраћајни знак

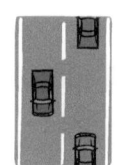

trafic

саобраћај

ambuteiaj

застој

parcare

паркиралиште

gară

железничка станица

șine

шине

tren

воз

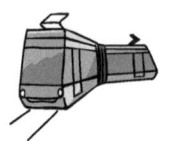

tramvai

трамвај

vagon

вагон

elicopter

хеликоптер

aeroport

аеродром

turn

кула

pasager

путник

container

контејнер

carton

картон

căruță

колица

coș

корпа

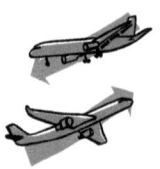

a decola/a ateriza

узлетети / слетети

oraș

град

sat

село

centru

центар града

casă

кућа

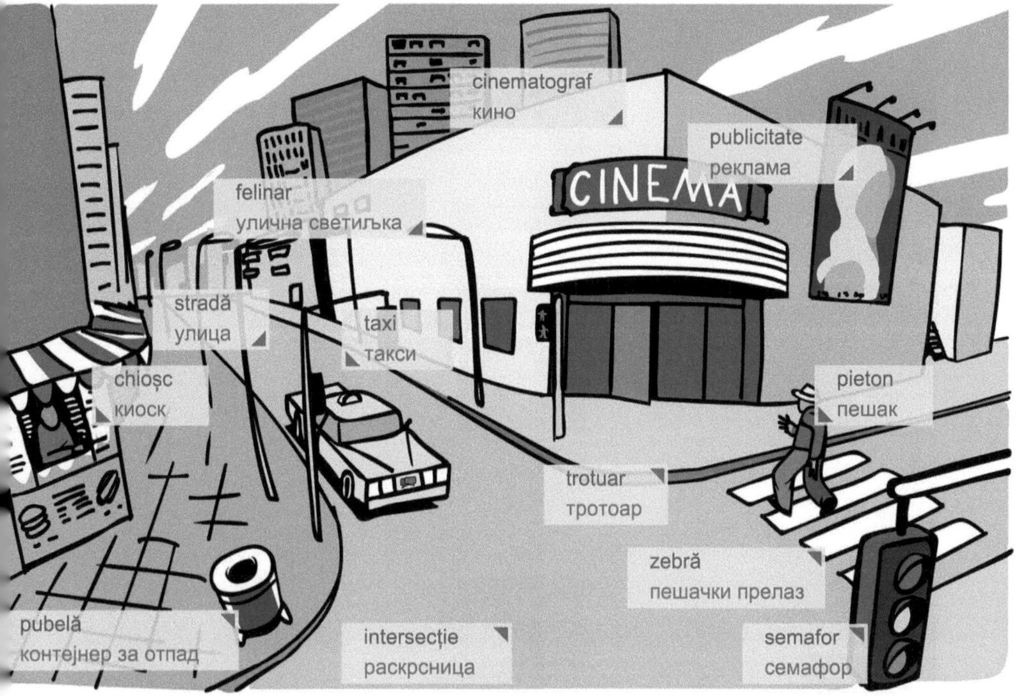
cinematograf
кино
CINEMA
publicitate
реклама
felinar
улична светиљка
stradă
улица
taxi
такси
chioșc
киоск
pieton
пешак
trotuar
тротоар
zebră
пешачки прелаз
pubelă
контејнер за отпад
intersecție
раскрсница
semafor
семафор

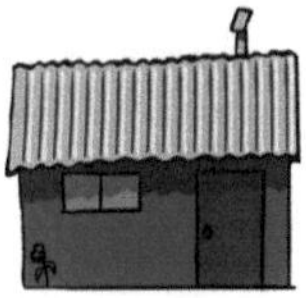

cabană

колиба

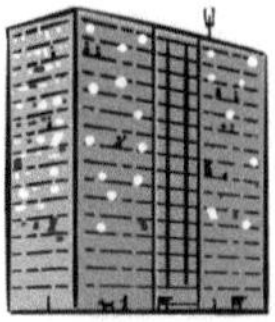

apartament

стан

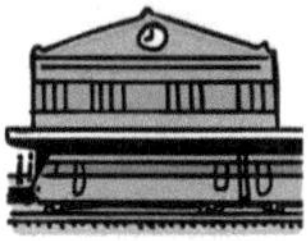

gară

железничка станица

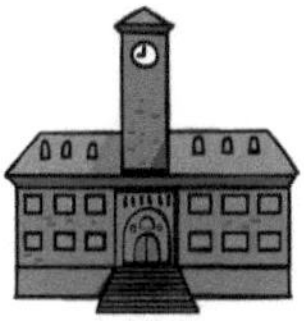

primărie

већница

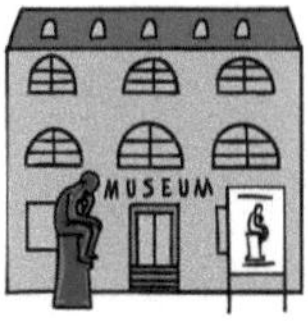
MUSEUM

muzeu

музеј

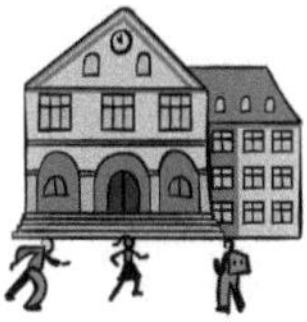

școală

школа

universitate	bancă	spital
универзитет	банка	болница

hotel	farmacie	birou
хотел	апотека	канцеларија

librărie	magazin	florărie
књижара	продавница	цвећара

supermarket	piață	magazin universal
супермаркет	трг	робна кућа

comerciant de pește	centru comercial	port
рибарница	трговачки центар	лука

parc

парк

bancă

клупа

pod

мост

trepte

степенице

metrou

подземна железница

tunel

тунел

stație de autobuz

аутобуска станица

bar

бар

restaurant

ресторан

cutie poștală

поштанско сандуче

tăbliță indicatoare cu numele străzii

улични знак

parcometru

паркирни аутомат

grădină zoologică

зоолошки врт

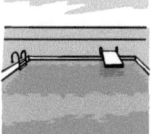

piscină

базен

moschee

џамија

gospodărie țărănească
seосko газдинство

poluare
загађење околине

cimitir
гробље

biserică
црква

loc de joacă
игралиште

templu
храм

peisaj
пејсаж

frunză
лист

indicator
путоказ

drum
пут

pajiște
ливада

piatră
камен

copac
дрво

drumeț
шетач

râu
река

iarbă
трава

floare
цвет

vale

долина

deal

планина

lac

језеро

pădure

шума

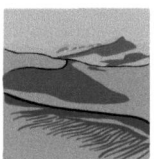

deșert

пустиња

vulcan

вулкан

castel

дворац

curcubeu

дуга

ciupercă

гљива

palmier

палма

țânțar

москито

muscă

мува

furnică

мрав

albină

пчела

păianjen

паук

gândac

буба

broască

жаба

veveriță

веверица

arici

јеж

iepure

зец

bufniță

сова

pasăre

птица

lebădă

лабуд

porc mistreț

дивља свиња

cerb

јелен

elan

лос

dig

насип

turbină eoliană

ветрењача

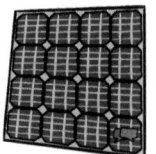

panou solar

соларна плоча

climă

клима

restaurant

ресторан

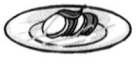

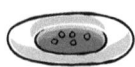

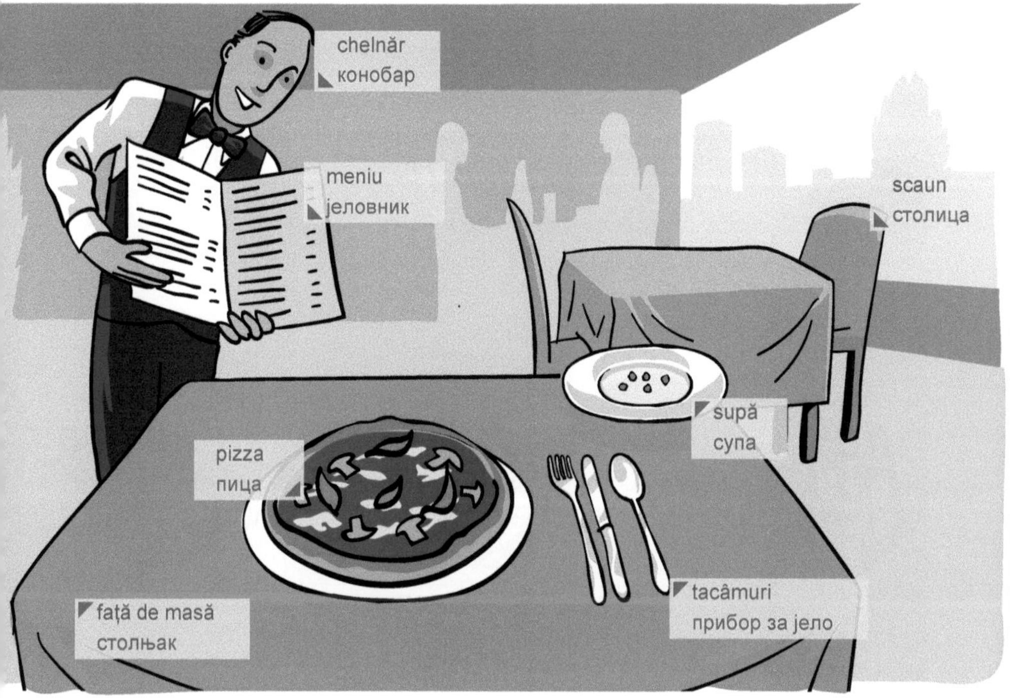
chelnăr
конобар
meniu
јеловник
scaun
столица
supă
супа
pizza
пица
tacâmuri
прибор за јело
faţă de masă
стољњак

antreu

предјело

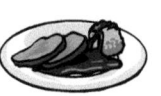

fel principal

главно јело

desert

десерт

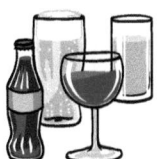

băuturi

напитци

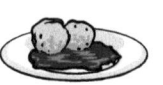

mâncare

јело

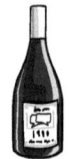

sticlă

флаша

fastfood

брза храна

streetfood

имбис храна

ceainic

чајник

zaharniță

доза за шећер

porţie

порција

espressor

апарат за еспресо

scaun înalt (pentru copii)

висока столица

factură

рачун

tavă

послужавник

cuţit

нож

furculiţă

виљушка

lingură

кашика

linguriță

чајна кашика

şerveţel

салвета

pahar

чаша

restaurant - ресторан

farfurie

тањир

farfurie de supă

тањир за супу

farfurie

тањирић

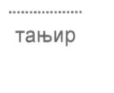

sos

сос

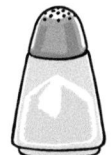

solniță

сољенка

râșniță de piper

млин за бибер

oțet

сирће

ulei

уље

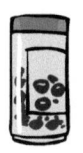

condimente

зачини

ketchup

кечап

muștar

сенф

maioneză

мајонеза

supermarket
супермаркет

ofertă
понуда
FOR
client
купац
produse lactate
млечни производи
fructe
воће
cărucior de cumpărături
колица за куповину

BUTCHERS

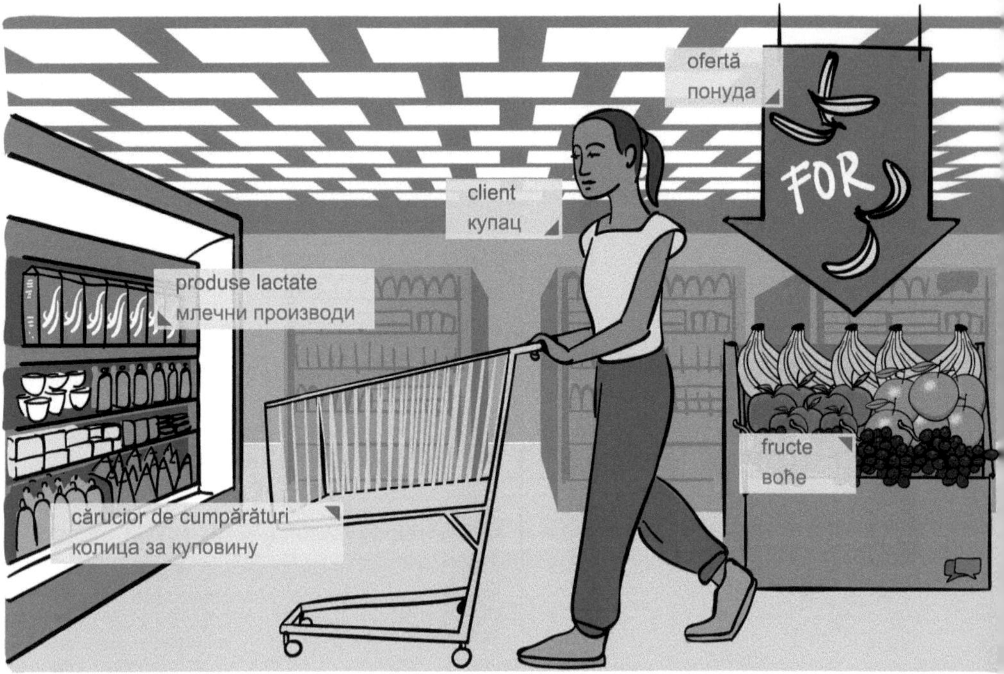

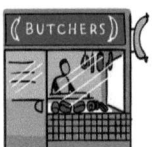

măcelărie

месница

BAKERY

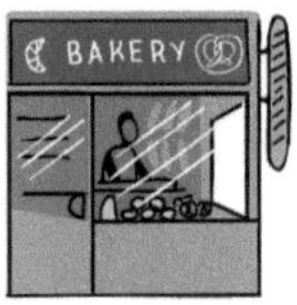

brutărie

пекара

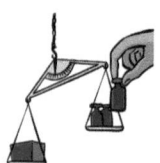

a cântări

вагати

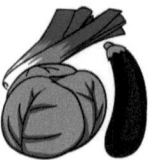

legume

поврће

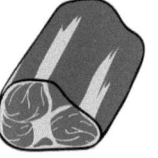

carne

месо

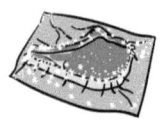

alimente refrigerate

смрзнута храна

ezeluri și brânzeturi feliate

конзерве

нарезак

conserve

конзерве

detergent

средство за прање

dulciuri

слаткиши

articole de menaj

артикли за домаћинство

produse de curățenie

средства за чишћење

vânzătoare

продавачица

casă

благајна

casier

благајник

listă de cumpărături

листа за куповину

orar

време рада

portmoneu

новчаник

carte de credit

кредитна картица

geantă

торба

pungă de plastic

пластична кеса

apă

вода

suc

сок

lapte

млеко

cola

кола

vin

вино

bere

пиво

alcool

алкохол

cacao

какао

ceai

чај

cafea

кава

espresso

еспресо

cappucino

капучино

banane

банана

măr

јабука

portocală

наранџа

pepene

лубеница

lămâie

лимун

morcov

шаргарепа

usturoi

бели лук

bambus

бамбус

ceapă

лук

ciupercă

гљива

nuci

орашасти плодови

paste făinoase

резанци

spagheti

шпагете

orez

рижа

salată

салата

cartofi prăjiţi

помфрит

cartofi ţărăneşti

печени крумпир

pizza

пица

hamburger

хамбургер

sandwich

сендвич

şniţel

шницла

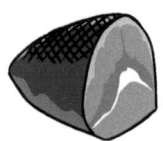

şuncă

шунка

salam

салама

cârnaţi

кобасица

pui

кокош

friptură

печење

peşte

риба

fulgi de ovăz

зобене пахуљице

musli

мусли

cereale

кукурузне пахуљице

făină

брашно

corn

кроасан

chifle

пециво

pâine

хлеб

pâine prăjită

тоаст

biscuiți

кекси

unt

маслац

brânză de vaci

свежи сир

prăjitură

колач

ou

jaje

ouă ochiuri

jaje на око

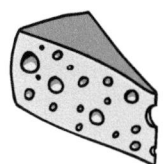

brânză

сир

îngheţată

сладолед

zahăr

шећер

miere

мед

marmeladă

мармелада

cremă nuga

нугат крема

curry

кари

gospodărie ţărănească

сеоско газдинство

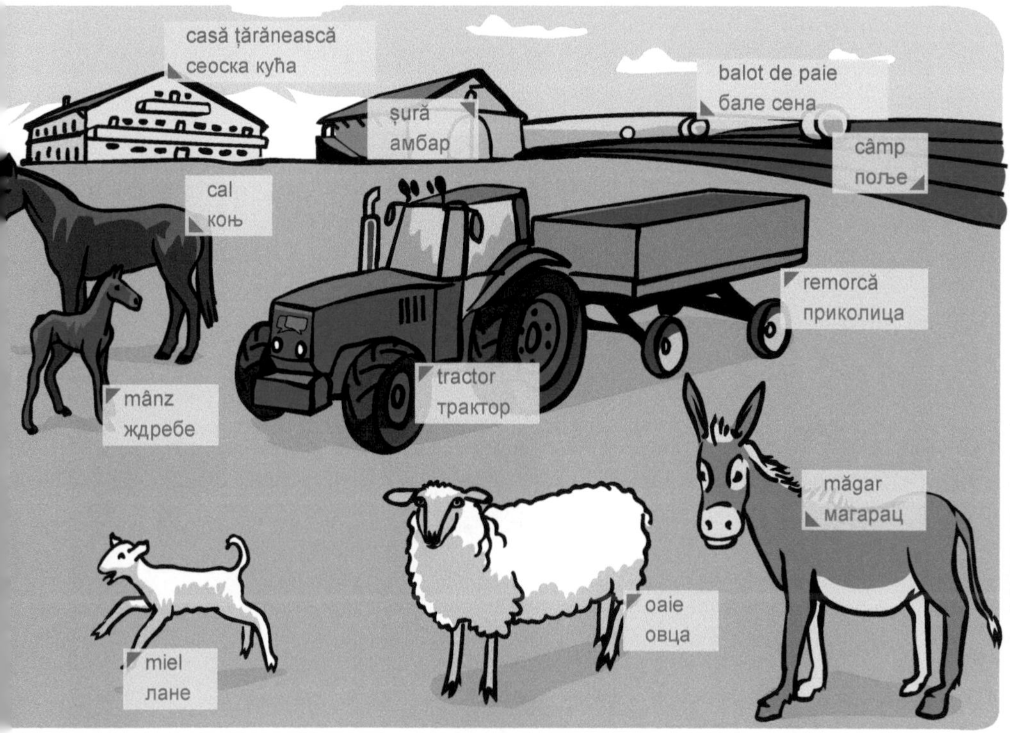

casă ţărănească
сеоска кућа
şură
амбар
balot de paie
бале сена
câmp
поље
cal
коњ
remorcă
приколица
tractor
трактор
mânz
ждребе
măgar
магарац
oaie
овца
miel
лане

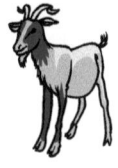

capră

коза

vacă

крава

viţel

теле

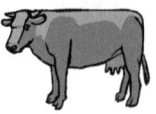

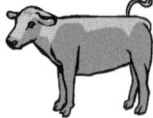

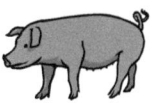

porc

свиња

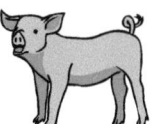

purcel

прасе

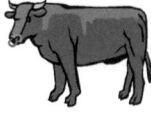

taur

бик

găină
гуска

rață
патка

pui
пилићи

găină
кокош

cocoş
петао

şobolan
пацов

pisică
мачка

şoarece
миш

bou
вол

câine
пас

cuşcă
кућица за пса

furtun de grădină
вртно црево

stropitoare
канта за поливање

coasă
коса

plug
плуг

seceră
срп

sapă
мотика

furcă
виљушка за ђубриво

secure
секира

roabă
тачке

troacă
корито

cană pentru lapte
посуда за млеко

sac
врећа

gard
ограда

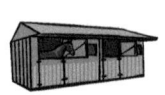

grajd
штала

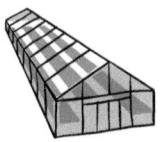

seră
стакленик

sol
земља

sămânță
семе

fertilizator
ђубриво

combină de treierat
комбајн

a culege

жети

recoltă

жетва

cartof yam

јамс зачин

grâu

пшеница

soia

соја

cartof

крумпир

porumb

кукуруз

rapiță

уљана репица

pom fructifer

воћка

manioc

гомољ маниоке

cereale

житарице

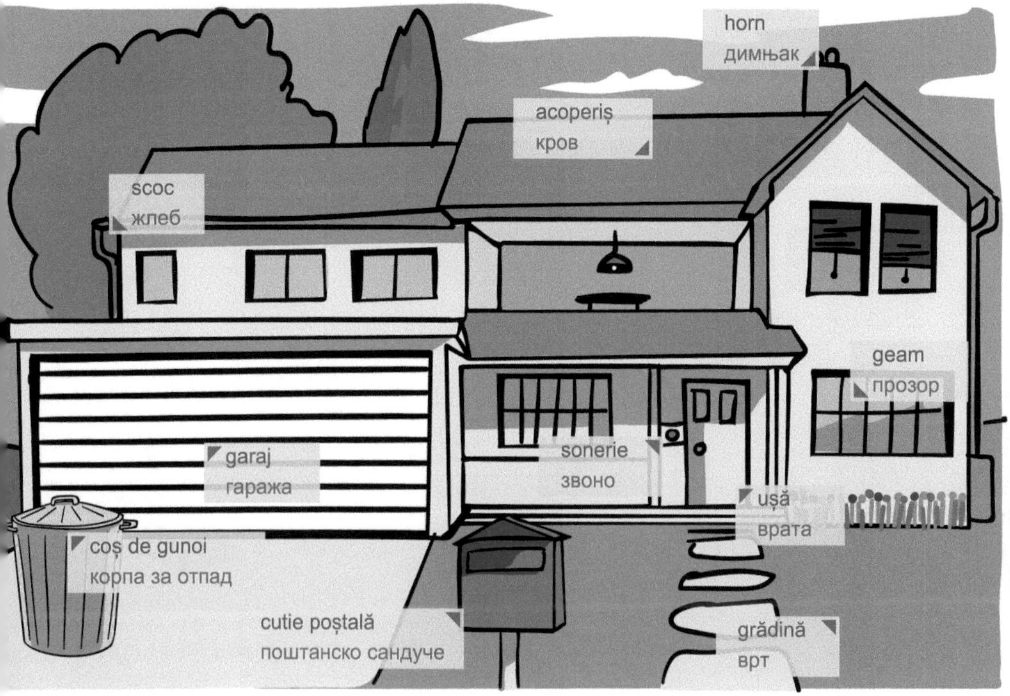

horn
димњак

acoperiș
кров

scoc
жлеб

geam
прозор

garaj
гаража

sonerie
звоно

ușă
врата

coș de gunoi
корпа за отпад

cutie poștală
поштанско сандуче

grădină
врт

camItură de zi
....
дневна соба

baie
....
купаоница

bucătărie
....
кухиња

dormitor
....
спаваћа соба

camera copiilor
....
дечија соба

sufragerie
....
трпезарија

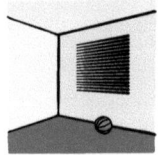

podea

под

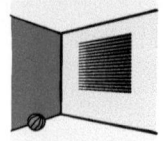

perete

зид

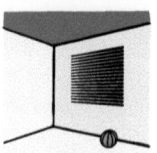

tavan

строп

pivniță

подрум

saună

сауна

balcon

балкон

terasă

тераса

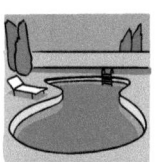

piscină

базен

mașină de tuns iarba

косилица за траву

cearșaf

постељина за кревет

cuvertură

дека за кревет

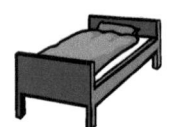

pat

кревет

mătură

метла

găleată

канта

întrerupător

прекидач

camerӑ de zi

дневна соба

tapet
тапета
pictură
слика
lampă
светиљка
raft
регал
dulap
ормар
televizor
телевизија
șemineu
камин
floare
цвет
pernă
јастук
sofa
кауч
vază
ваза
telecomandă
даљински управљач

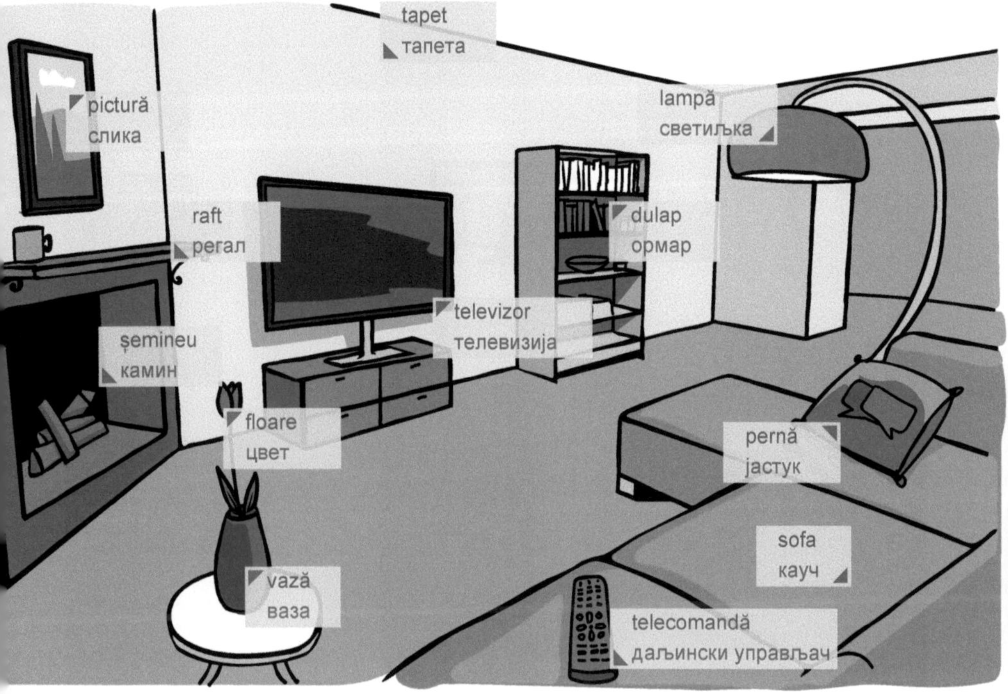

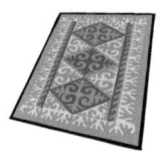

covor

тепих

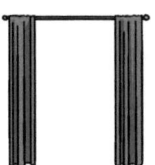

perdea

завеса

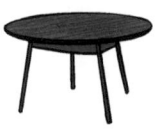

masă

сто

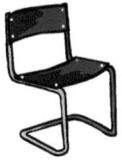

scaun

столица

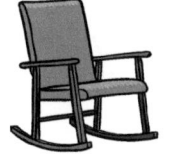

balansoar

столица за њихање

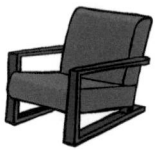

fotoliu

фотеља

carte

књига

pătură

дека

decoraţiune

декорација

lemn de foc

дрво за огрев

film

филм

instalaţie stereo

хи-фи уређај

cheie

кључ

ziar

новине

desen

слика на платну

poster

постер

radio

радио

caiet de notiţe

блок за писање

aspirator

усисивач

cactus

кактус

lumânare

свећа

bucătărie

кухиња

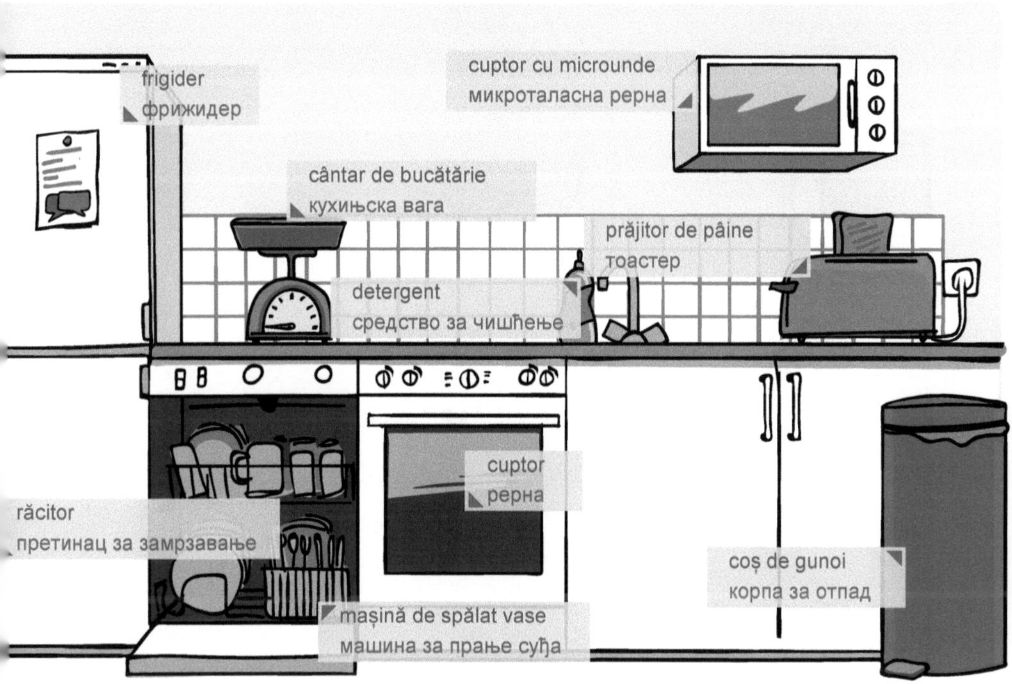

frigider
фрижидер
cuptor cu microunde
микроталасна рерна
cântar de bucătărie
кухињска вага
prăjitor de pâine
тоастер
detergent
средство за чишћење
cuptor
рерна
răcitor
претинац за замрзавање
coș de gunoi
корпа за отпад
mașină de spălat vase
машина за прање суђа

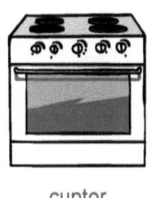

cuptor

шпорет

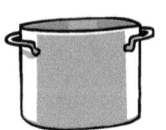

oală

лонац

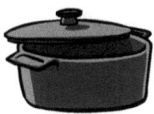

oală de metal

гвоздени лонац

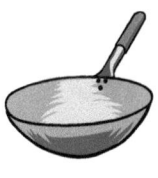

wok/kadai

вок / кадаи

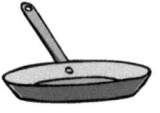

tigaie

тава

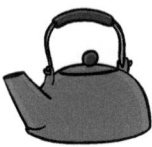

ceainic

кувало за воду

oală de gătit cu aburi

кувало на пару

tavă de copt

лим за печење

veselă

посуђе

pahar

чаша

bol

посуда

bețișoare

штапићи за јело

polonic

кутлача

spatulă

лопатица

tel

пењача

sită

сито за кување

sită

сито

răzătoare

рибеж

mojar

мужар

grătar

роштиљ

loc pentru grătar

огњиште

tocător
даска

sucitor
оклагија

tirbușon
вадичеп

conservă
конзерва

deschizător de conserve
отварач конзерви

șervete termice
крпа за лонац

chiuvetă
судопер

perie
четка

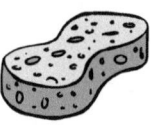

burete
сунђер

mixer
миксер

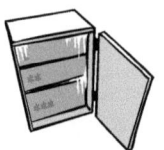

ladă frigorifică
замрзивач

biberon
флашица за бебе

robinet
славина за воду

încălzire
грејање

duș
туш

prosop
пешкир

perdea de duș
завеса за туш

baie cu spumă
пенушава купка

cadă
када

pahar
чаша

mașină de spălat
машина за прање веша

gresie
плочице

robinet
славина за воду

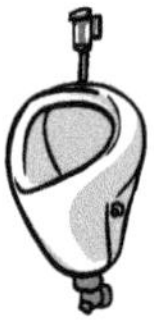

oală de noapte
тута

chiuvetă
судопер

toaletă	toaletă turcească	bideu
тоалет	чучавац	бидет

pisoir	hârtie igienică	perie de toaletă
писоар	тоалетни папир	четка за тоалет

periuță de dinți

четкица за зубе

pastă de dinți

паста за зубе

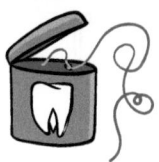

ață dentară

конац за зубе

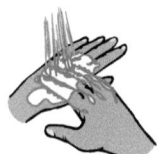

a spăla

прати

cap de duș

туш ручица

duș intim

туш за прање интимних делова

lavoar

лавор

perie pentru spate

четка за прање леђа

săpun

сапун

gel de duș

гел за туширање

șampon

шампон

cârpă de spălat

крпа за прање

scurgere

одвод

cremă

крема

deodorant

дезодоранс

oglindă
огледало

oglindă cosmetică
козметичко огледало

aparat de ras
бријач

spumă de ras
пена за бријање

aftershave
лосион за после бријања

pieptene
чешаљ

perie
четка

uscător de păr
фен за косу

fixator
спреј за косу

machiaj
шминка

ruj
руж за усне

lac de unghii
лак за нокте

vată
вата

foarfece de unghii
маказе за нокте

parfum
парфем

neseser
козметичка торбица

taburet
столица

cântar
вага

halat de baie
огртач

mănuși de cauciuc
рукавице за чишћење

tampon
тампон

tampon
уложак

toaletă chimică
хемијски тоалет

camera copiilor
дечија соба

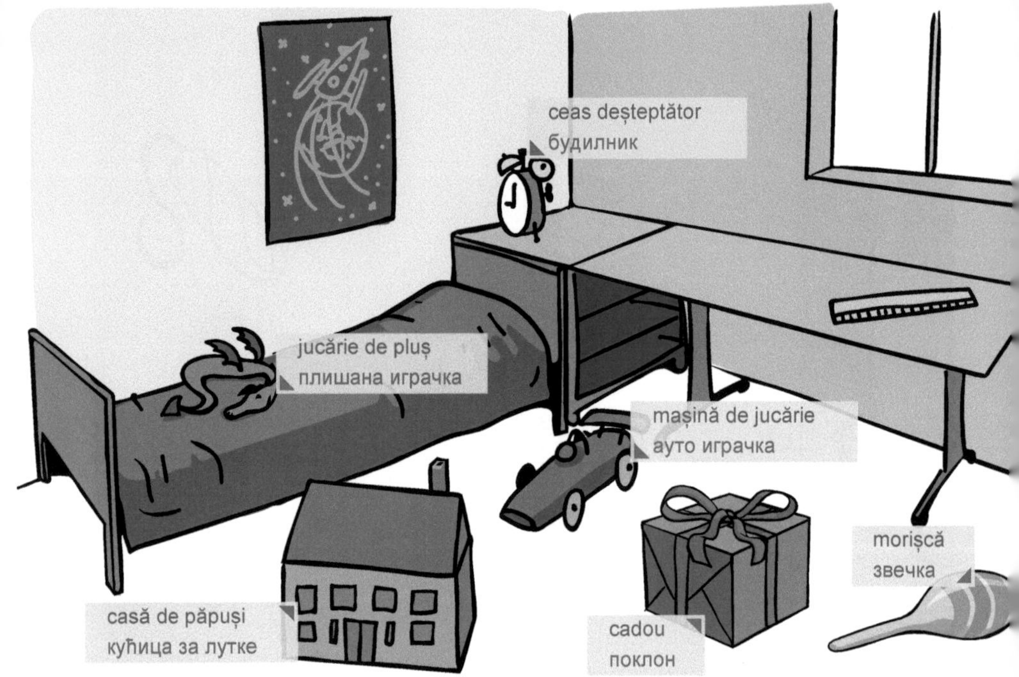
ceas deșteptător
будилник
jucărie de pluș
плишана играчка
mașină de jucărie
ауто играчка
morișcă
звечка
casă de păpuși
кућица за лутке
cadou
поклон

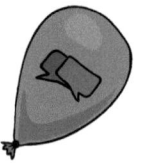

balon

балон

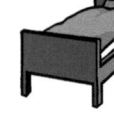

pat

кревет

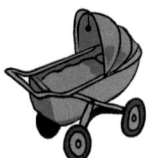

cărucior de copii

дјечија колица

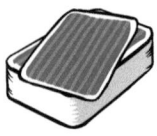

joc de cărți

игра са картама

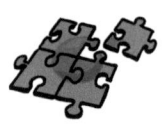

puzzle

слагалица

SUPER
MEGA

revistă de benzi desenate

стрип

cuburi lego

лего коцкице

piese pentru construcţii

коцкице за слагање

personaj din filmele de acţiune

акциони јунак

body

бенкица за бебе

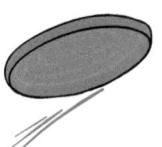

frisbee

фризби

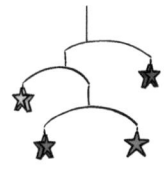

mobil

висеће играчке

joc de societate

друштвене игре

zar

коцка

set trenuleţ de jucărie

минијатурна жељезница

suzetă

дуда

petrecere

забава

carte cu poze

сликовница

minge

лопта

păpuşă

лутка

a se juca

играти

groapă de nisip

пешчаник

leagăn

љуљачка

jucării

играчка

consolă video

конзола за игре

tricicletă

трицикл

ursuleț

теди

dulap

ормар

îmbrăcăminte
одећа

șosete

кратке чарапе

ciorapi

чарапе

dres

хулахопке

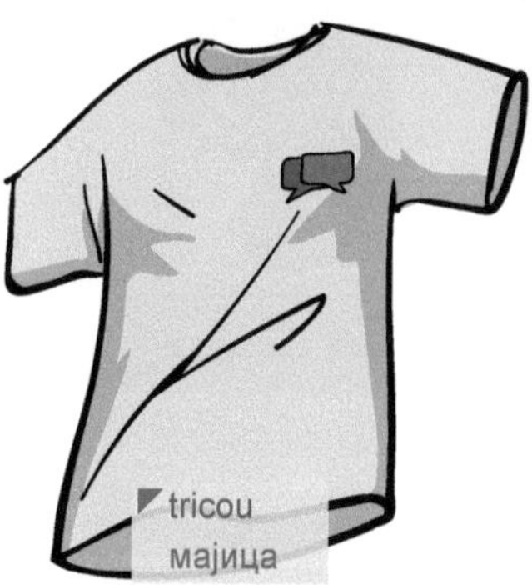

şal
шал

curea
каиш

umbrelă
кишобран

tricou
мајица

cizme
чизме

papuci
папуче

pantofi sport
патике

sandale
....
сандале

încălţăminte
....
ципеле

cizme de cauciuc
....
гумене чизме

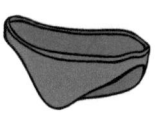

chilot
....
гаћице

sutien
....
грудњак

maiou
....
поткошуља

îmbrăcăminte - одећа

body
боди

pantaloni
панталоне

blugi
фармерке

fustă
сукња

bluză
блуза

cămașă
кошуља

pulover
џемпер

jerseu
џемпер с капуљачом

sacou
сако

jachetă
јакна

palton
мантил

pelerină de ploaie
кабаница

costum
костим

rochie
хаљина

rochie de mireasă
венчаница

costum

одело

cămașă de noapte

спаваћица

pijama

пиџама

sari

сари

batic

марама за главу

turban

турбан

burka

бурка

caftan

кафтан

abaya

абаја

costum de baie

купаћи костим

șort

купаће гаћице

pantaloni scurți

кратке панталоне

trening

одећа за тренинг

șorț

кецеља

mănuși

рукавице

nasture

дугме

ochelari

наочаре

brăţară

наруквица

lanţ

огрлица

inel

прстен

cercel

наушница

căciulă

капа

umeraş

вешалица

pălărie

шешир

cravată

кравата

fermoar

патент затварач

cască

кацига

bretele

нараменице

uniformă şcolară

школска униформа

uniformă

униформа

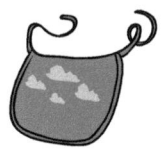

baveţică

подбрадак

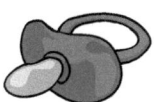

suzetă

дуда

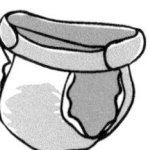

scutec

пелена

birou

канцеларија

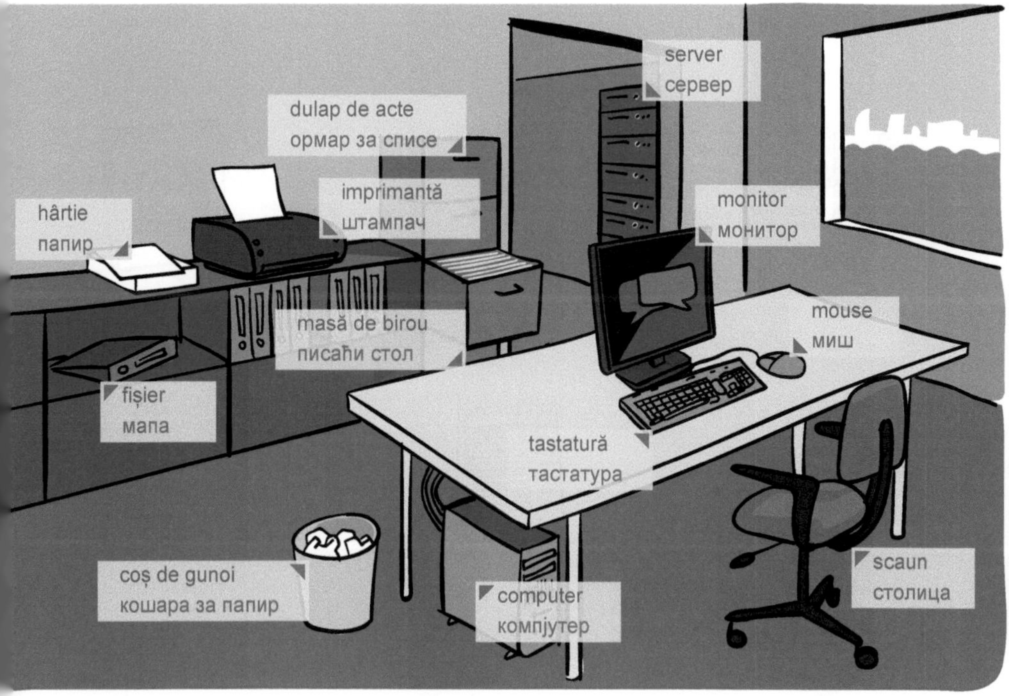

server
сервер
dulap de acte
ормар за списе
imprimantă
штампач
hârtie
папир
monitor
монитор
mouse
миш
masă de birou
писаћи стол
fişier
мапа
tastatură
тастатура
coş de gunoi
кошара за папир
computer
компјутер
scaun
столица

ceaşcă de cafea

шалица за каву

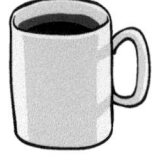

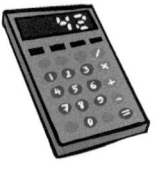

calculator

калкулатор

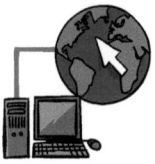

internet

интернет

laptop

лаптоп

scrisoare

писмо

mesaj

порука

telefon mobil

мобилни телефон

rețea

мрежа

copiator

уређај за копирање

software

софтвер

telefon

телефон

priză

утичница

fax

факс

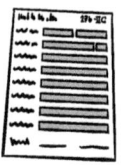

formular

формулар

document

документ

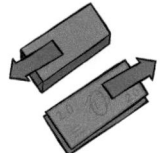

a cumpăra

куповати

a plăti

платити

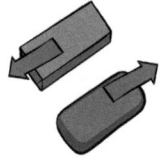

a face comerț

трговати

bani

новац

Dolar

долар

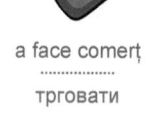

Euro

евро

Yen

јен

Rublă

рубља

Franc Elvețian

швајцарски франак

renminbi yuan

ренминдби јуан

Rupie

рупија

bancomat

аутомат за новац

casă de schimb valutar

мењачница

aur

злато

argint

сребро

petrol

нафта

energie

енергија

preţ

цена

contract

уговор

impozit

порез

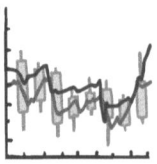

acţiune

деонице

a munci

радити

angajat

службеник

angajator

послодавац

fabrică

фабрика

magazin

продавница

ocupații

занимања

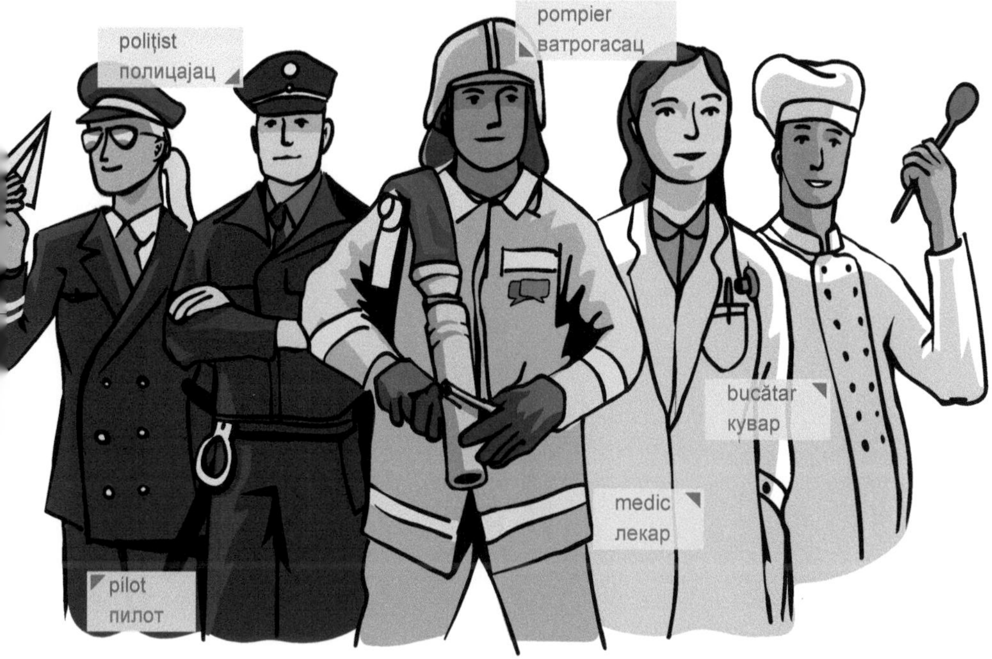

polițist
полицајац
pompier
ватрогасац
bucătar
кувар
medic
лекар
pilot
пилот

grădinar

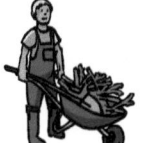

вртлар

tâmplar

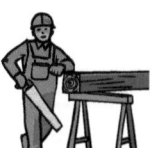

столар

cusătoreasă

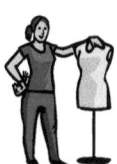

кројачица

judecător

судија

chimist

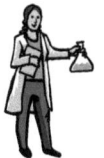

хемичар

actor

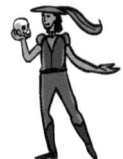

глумац

şofer de autobuz

возач аутобуса

şofer de taxi

возач таксија

pescar

рибар

femeie de serviciu

чистачица

tinichigiu

кровопокривач

chelnăr

конобар

vânător

ловац

pictor

сликар

brutar

пекар

electrician

електричар

muncitor în construcţii

грађевински радник

inginer

инжењер

măcelar

месар

instalator

лимар

poştaş

поштар

ocupaţii - занимања

soldat

војник

arhitect

архитекта

casier

благајник

florar

цвећар

frizer

фризер

controlor

кондуктер

mecanic

механичар

căpitan

капетан

stomatolog

зубар

om de ştiinţă

научник

rabin

раби

imam

имам

călugăr

монах

preot

свећеник

instrumente

алати

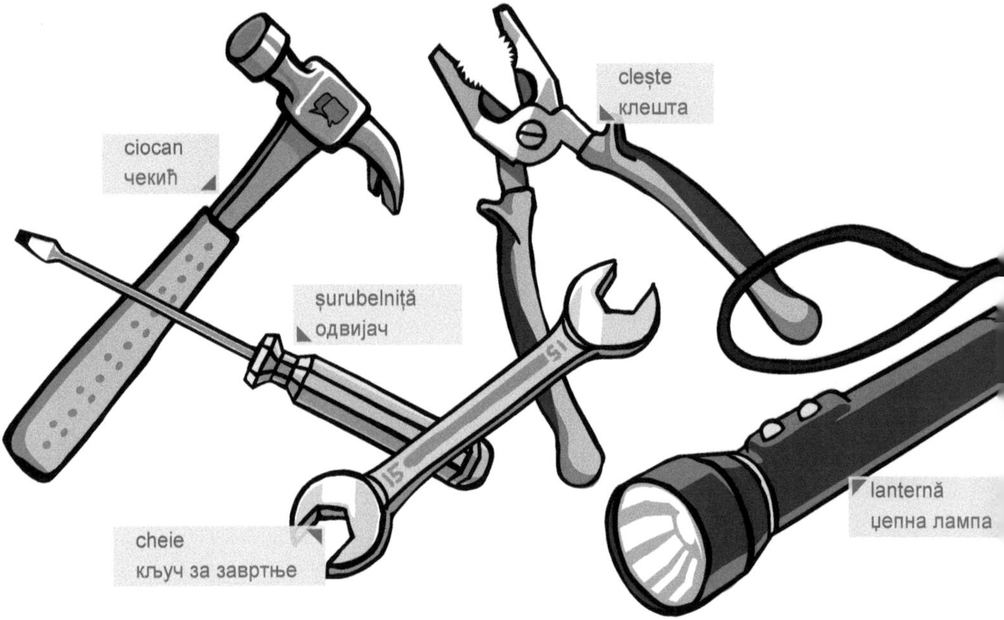
ciocan
чекић
clește
клешта
șurubelniță
одвијач
lanternă
џепна лампа
cheie
кључ за завртње

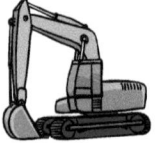

excavator

багер

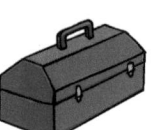

cutie de scule

кутија за алат

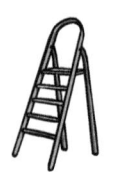

scară

мердевине

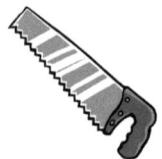

ferăstrău

пила

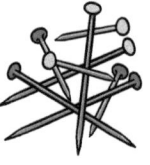

cuie

ексер

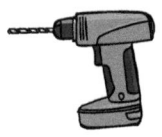

burghiu

бушилица

a repara

поправити

lopată

лопата

La naiba!

до ђавола!

făraş

лопатица

vas pentru vopsea

лонац за боју

şuruburi

завртањи

instrumente muzicale
музички инструмент

set tobe
бубњеви

difuzor
звучник

contrabas
контрабас

trompetă
труба

chitară
гитара

pian
клавир

vioară
виолина

bas
бас

trombon
тимпани

tobă
удараљке за бубњеве

keyboard
типке клавира

saxofon
саксофон

fluier
флаута

microfon
микрофон

grădină zoologică

зоолошки врт

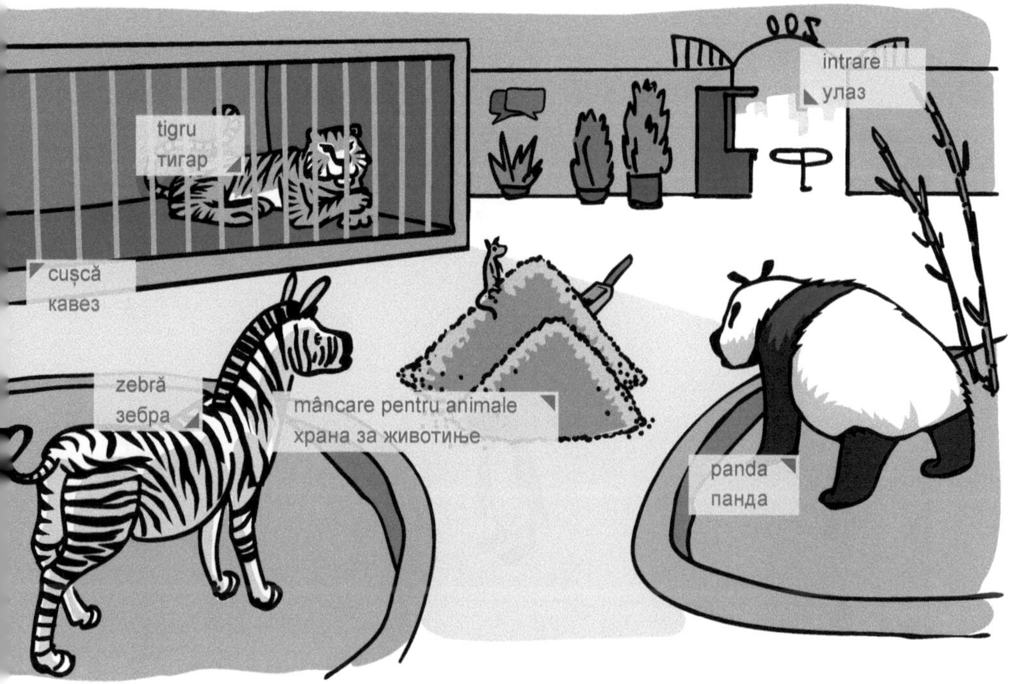

tigru
тигар
intrare
улаз
cuşcă
кавез
zebră
зебра
mâncare pentru animale
храна за животиње
panda
панда

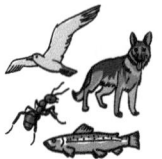

animale

животиње

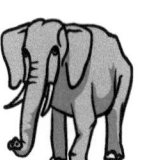

elefant

слон

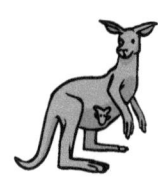

cangur

кенгур

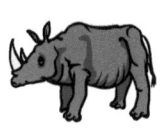

rinocer

носорог

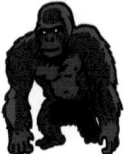

gorilă

горила

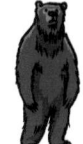

urs

медвед

cămilă

камила

struţ

ноj

leu

лав

maimuţă

мајмун

flamingo

фламинго

papagal

папагај

urs polar

поларни медвед

pinguin

пингвин

rechin

ајкула

păun

паун

şarpe

змија

crocodil

крокодил

îngrijitor grădina zoologică

чувар у зоолошком врту

focă

туљан

jaguar

јагуар

ponei

пони

leopard

леопард

hipopotam

нилски коњ

girafă

жирафа

acvilă

орао

porc mistreț

дивља свиња

pește

риба

broască țestoasă

корњача

morsă

морж

vulpe

лисица

gazelă

газела

sport
спорт

fotbal american
амерички ногомет

ciclism
бициклизам

tenis
тенис

basketball
кошарка

înot
пливање

box
бокс

hockey pe gheață
хокеј на леду

fotbal
фудбал

badminton
бадминтон

atletism
атлетика

handbal
рукомет

schi
скијање

polo
поло

activități

активности

a sări
скочити
a îmbrățișa
загрлити
a râde
смејати се
a merge
ићи
a cânta
певати
a visa
сањати
a se ruga
молити се
a săruta
пољубити

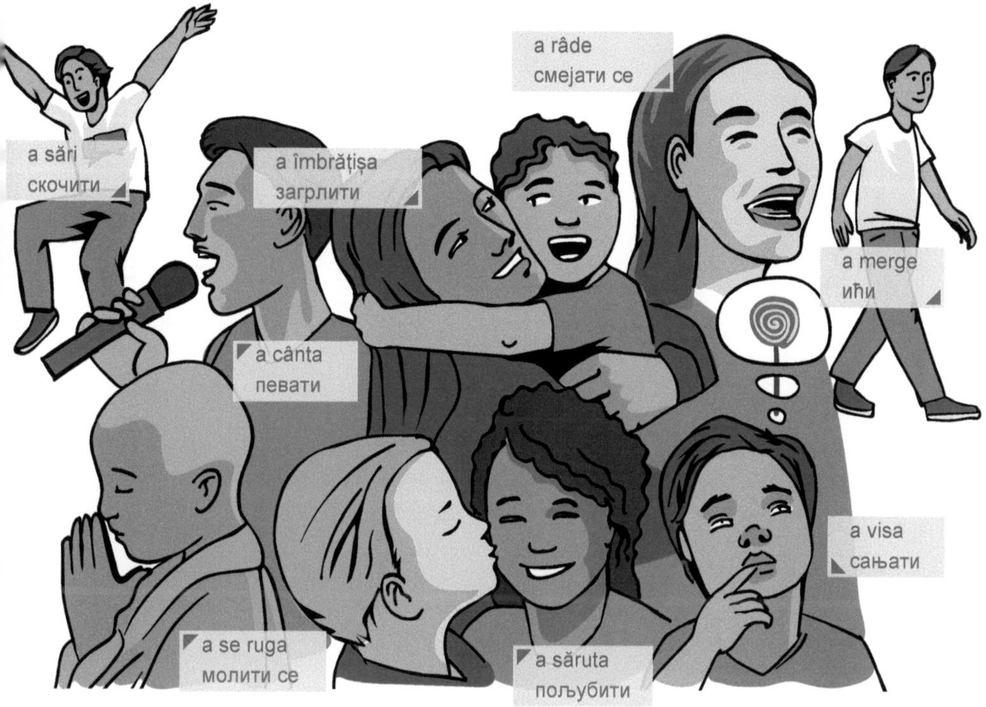

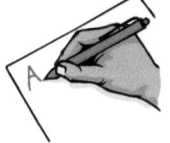

a scrie

писати

a desena

цртати

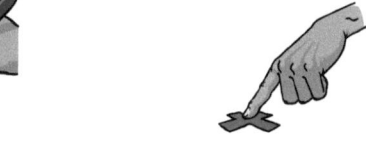

a arăta

показати

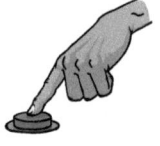

a împinge

гурати

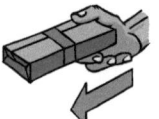

a da

дати

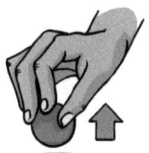

a lua

узети

a avea
имати

a face
чинити

a fi
бити

a sta în picioare
стојати

a fugi
трчати

a trage
повлачити

a arunca
бацити

a cădea
падати

a sta întins
лежати

a aștepta
чекати

a purta
носити

a ședea
седити

a se îmbrăca
облачити

a dormi
спавати

a se trezi
пробудити се

a privi

гледати

a plânge

плакати

a mângâia

миловати

a se pieptăna

чешљати

a vorbi

говорити

a înțelege

разумети

a întreba

питати

a asculta

слушати

a bea

пити

a mânca

јести

a face ordine

поспремити

a iubi

волети

a găti

кухати

a conduce

возити

a zbura

летети

activități - активности

a naviga

пловити

a calcula

рачунати

a citi

читати

a învăţa

учити

a munci

радити

a se căsători

венчати се

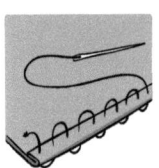

a coase

шити

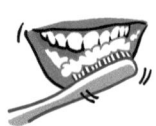

a se spăla pe dinţi

прати зубе

a ucide

убити

a fuma

пушити

a trimite

послати

familie

породица

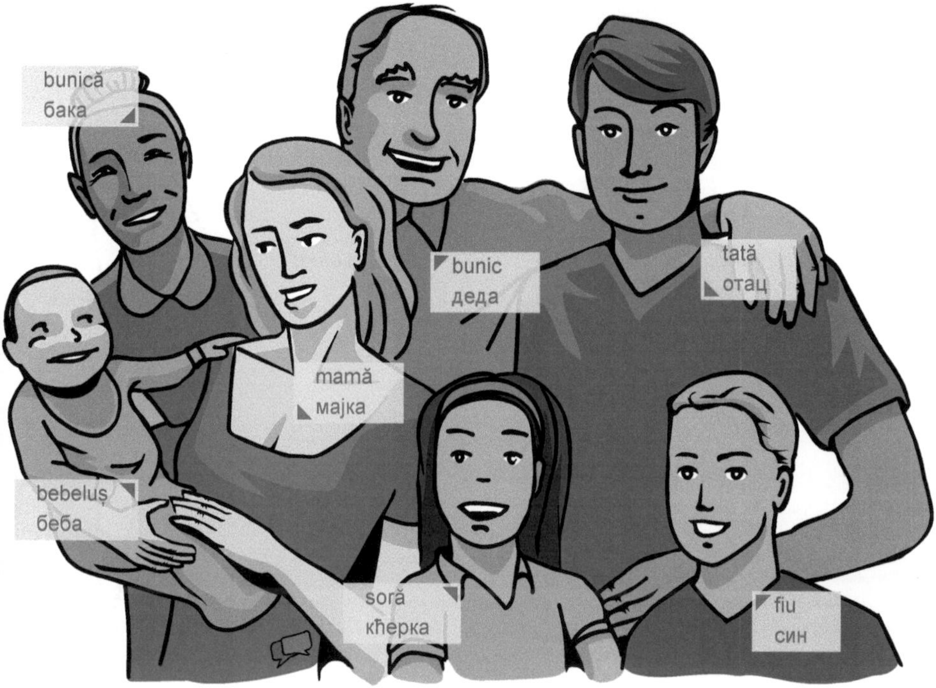
bunică
бака
bunic
деда
tată
отац
mamă
мајка
bebeluș
беба
soră
кћерка
fiu
син

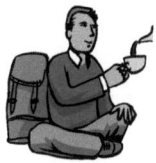

oaspete

гост

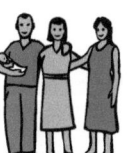

mătușă

тетка

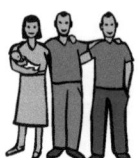

unchi

ујак, стриц

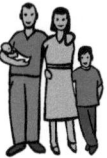

frate

брат

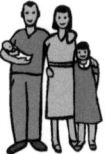

soră

сестра

corp

тело

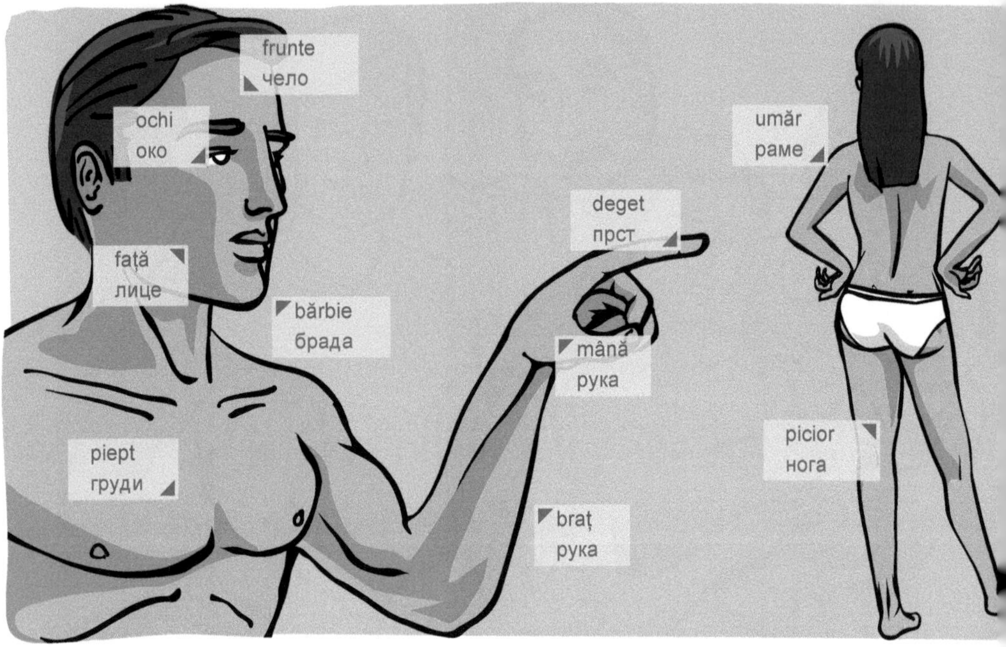

frunte
чело
ochi
око
umăr
раме
deget
прст
față
лице
bărbie
брада
mână
рука
piept
груди
picior
нога
braț
рука

bebeluș

беба

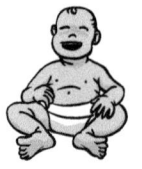

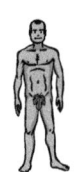

bărbat

мушкарац

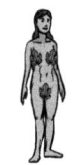

femeie

жена

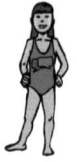

fată

девојчица

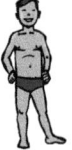

băiat

дечак

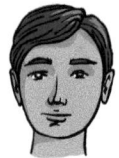

cap

глава

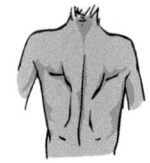

spate

леђа

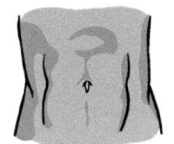

abdomen

стомак

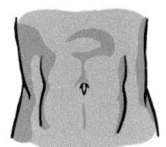

ombilic

пупак

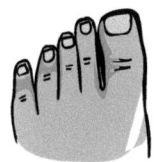

deget de la picior

ножни прст

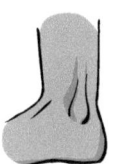

călcâi

пета

os

кост

şold

кукови

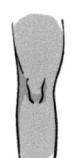

genunchi

колено

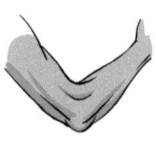

cot

лакат

nas

нос

fund

задњица

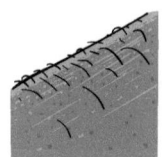

piele

кожа

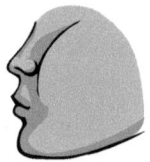

obraz

образ

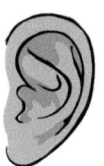

ureche

уво

buză

усна

gură
уста

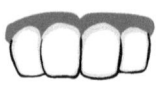

dinte
зуб

limbă
језик

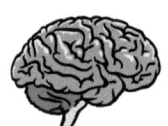

creier
мозак

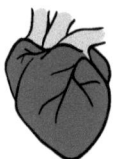

inimă
срце

mușchi
мишић

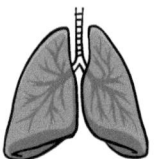

plămân
плућа

ficat
јетра

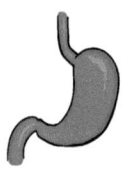

stomac
желудац

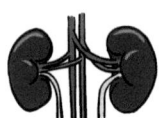

rinichi
бубрези

sex
полни однос

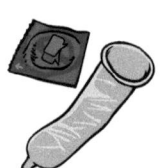

prezervativ
кондом

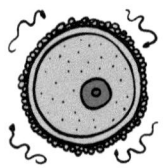

ovul
јајна ћелија

spermă
сперма

sarcină
трудноћа

corp - тело

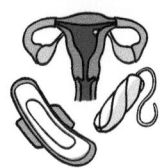

menstruație

менструација

vagin

вагина

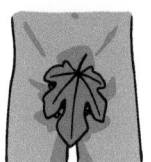

penis

пенис

sprânceană

обрва

păr

коса

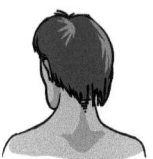

gât

врат

spital
болница

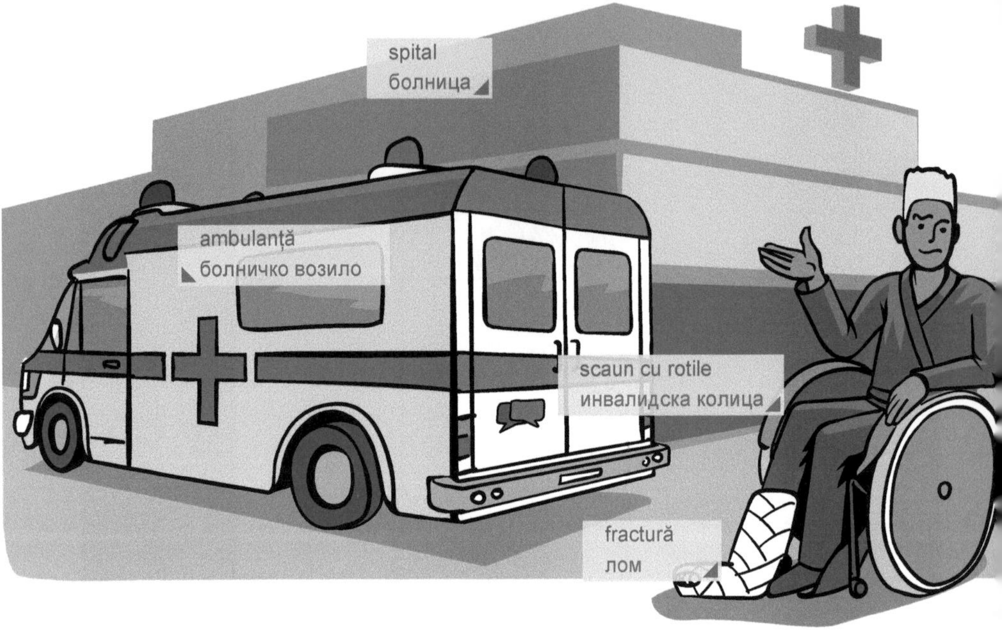

spital
болница
ambulanță
болничко возило
scaun cu rotile
инвалидска колица
fractură
лом

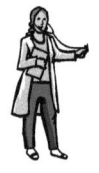

medic

лекар

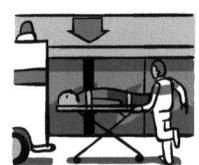

unitate de primiri urgențe

хитна медицинска служба

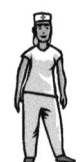

soră medicală

медицинска сестра

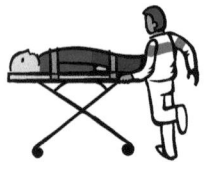

urgență

хитни случај

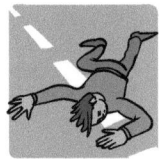

inconștient

несвест

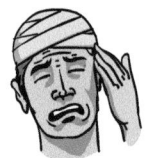

durere

бол

leziune

поврeда

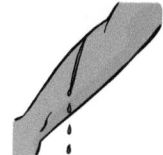

sângerare

крварење

infarct miocardic

срчани удар

atac cerebral

удар

alergie

алергија

tuse

кашаљ

febră

грозница

gripă

грипа

diaree

пролив

durere de cap

главобоља

cancer

рак

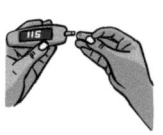

diabet

дијабетес

chirurg

хирург

scalpel

скалпел

operaţie

операција

CT

цт

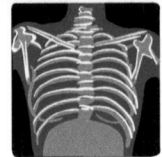

raze Röntgen

рентген

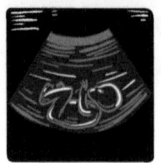

ultrasunet

ултразвук

mască

маска

boală

болест

sală de așteptare

чекаона

cârjă

штака

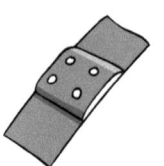

plasture

фластер

bandaj

завој

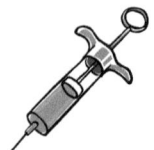

injecție

ињекција

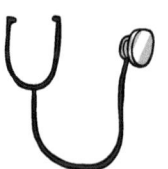

stetoscop

стетоскоп

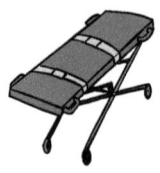

targă

носила

termometru

термометар

naștere

рођење

supraponderabilitate

прекомерна тежина

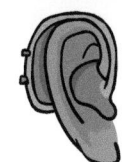

aparat auditiv

слушни апарат

dezinfectant

средство за дезинфекцију

infecție

инфекција

virus

вирус

HIV/SIDA

хив / аидс

medicină

медицина

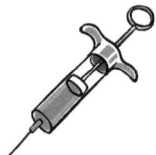

vaccin

вакцинација

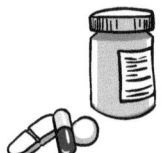

tablete

таблете

pastilă

пилула

apel de urgență

хитни позив

aparat de măsurare a
presiunii arteriale

уређај за мерење
притиска

bolnav/sănătos

болесно / здраво

Ajutor!

помоћ!

alarmă

аларм

agresiune

насртај

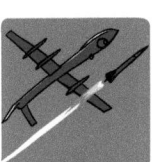

atac

напад

pericol

опасност

ieşire de urgenţă

излаз у случају нужде

Foc!

пожар!

extinctor

противпожарни апарат

accident

незгоца

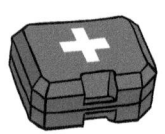

trusă de prim-ajutor

кутија прве помоћи

SOS

сос

poliţie

полиција

Europa

Европа

America de Nord

Северна Америка

America de Sud

Јужна Америка

Africa

Африка

Asia

Азија

Australia

Аустралија

Altantic

Атлантик

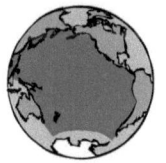

Pacific

Пацифик

Oceanul Indian

Индијски океан

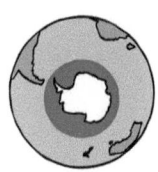

Oceanul Antarctic

Антарктички океан

Oceanul Arctic

Арктички океан

Polul Nord

Северни рол

Polul Sud

Јужни рол

Antarctica

Антарктик

pământ

земља

țară

земља

mare

море

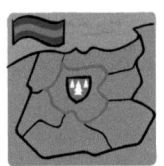

insulă

оток

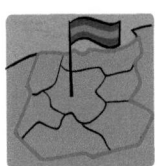

națiune

нација

stat

држава

pământ - земља

cadran

бројчаник сата

orar

сатна казаљка

minutar

минутна казаљка

secundar

секундна казаљка

Cât e ceasul?

Колико је сати?

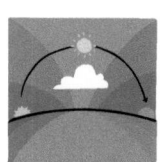

zi

дан

timp

време

acum

сада

cead digital

дигитални сат

minut

минута

oră

час

săptămână
седмица

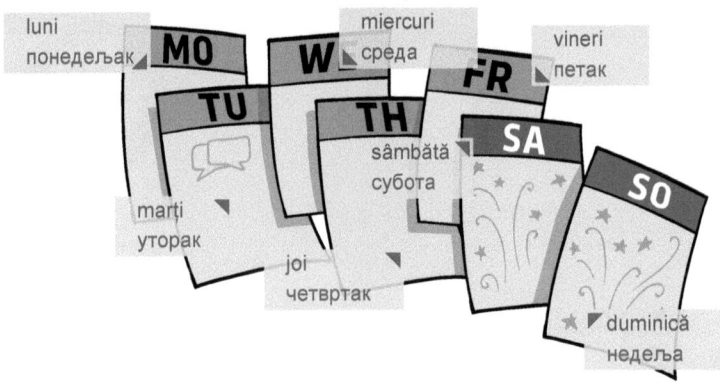

luni
понедељак

miercuri
среда

vineri
петак

marţi
уторак

sâmbătă
субота

joi
четвртак

duminică
недеља

ieri
....
јуче

azi
....
данас

mâine
....
сутра

dimineaţă
....
јутро

amiază
....
подне

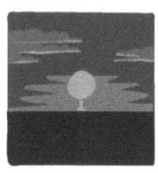

seară
....
вече

MO	TU	WE	TH	FR	SA	SU
1	2	3	4	5	6	7
8	9	10	11	12	13	14
15	16	17	18	19	20	21
22	23	24	25	26	27	28
29	30	31	1	2	3	4

zile lucrătoare
....
радни дани

MO	TU	WE	TH	FR	SA	SU
1	2	3	4	5	6	7
8	9	10	11	12	13	14
15	16	17	18	19	20	21
22	23	24	25	26	27	28
29	30	31	1	2	3	4

week-end
....
викенд

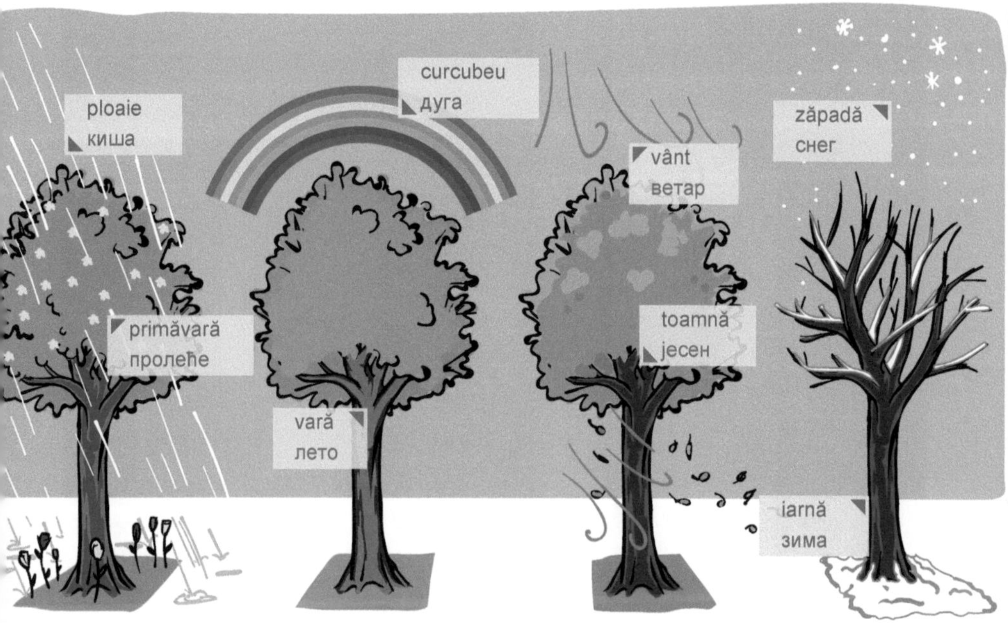

ploaie
киша
curcubeu
дуга
zăpadă
снег
vânt
ветар
primăvară
пролеће
toamnă
јесен
vară
лето
iarnă
зима

4.APRIL 11°
5.APRIL 4°
6.APRIL 13°
7.APRIL 8°
8.APRIL 10°

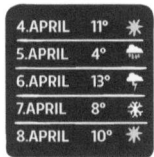

prognoză meteo

етеоролошка прогноза

F
C
120
90
60
30
0
-30
40
30
20
10
0
-10
-20

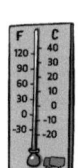

termometru

термометар

lumina soarelui

сунчана светлост

nor

облак

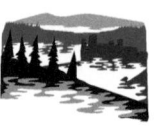

ceață

магла

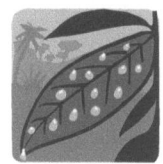

umiditate a aerului

влажност ваздуха

fulger

муња

tunet

грмљавина

furtună

олуја

grindină

туча

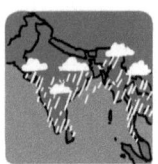

muson

монсун

inundaţie

поплава

gheaţă

лед

ianuarie

јануар

februarie

фебруар

martie

март

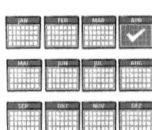

aprilie

април

mai

мај

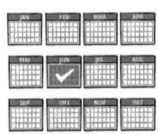

iunie

јуни

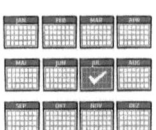

iulie

јули

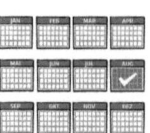

august

август

an - година

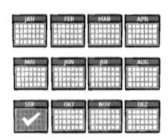

septembrie

септембар

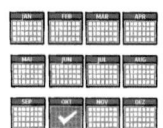

octombrie

октобар

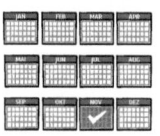

noiembrie

новембар

decembrie

децембар

forme
облици

cerc

круг

pătrat

квадрат

dreptunghi

правоугао

triunghi

троугао

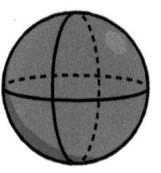

sferă

кугла

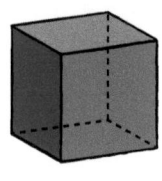

cub

коцка

alb

бела

galben

жута

portocaliu

наранџаста

roz

ружичаста

roşu

црвена

violet

љубичаста

albastru

плава

verde

зелена

maro

смеђа

gri

сива

negru

црна

mult/puțin

много / мало

furios/calm

љутито / мирно

frumos/urât

лепо / ружно

început/sfârșit

почетак / крај

mare/mic

велико / малено

luminos/întunecat

светло / тамно

frate/soră

брат / сестра

curat/murdar

чисто / прљаво

complet/incomplet

потпуно / непотпуно

zi/noapte

дан / ноћ

mort/viu

мртво / живо

lat/strâmt

широко / уско

comestibil/necomestibil

јестиво / нејестиво

rău/prietenos

зло / добро

emoţionat/plictisit

узбуђено / досадно

gras/slab

дебело / мршаво

primul/ultimul

на почетку / на крају

prieten/inamic

пријатељ / непријатељ

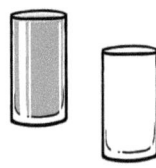

plin/gol

пуно / празно

tare/moale

тврдо / мекано

greu/uşor

тешко / лагано

foame/sete

глад / жеђ

bolnav/sănătos

болесно / здраво

ilegal/legal

илегално / легално

inteligent/stupid

паметно / глупо

stânga/dreapta

лево / десно

aproape/departe

близу / далеко

antonime - супротности

nou/uzat

ново / половно

nimic/ceva

ништа / нешто

bătrân/tânăr

старо / младо

pornit/oprit

укључено / искључено

deschis/închis

отворено / затворено

încet/tare

тихо / гласно

bogat/sărac

богато / сиромашно

corect/fals

тачно / погрешно

aspru/neted

храпаво / глатко

trist/fericit

тужно / сретно

lung/scurt

кратко / дуго

încet/repede

полако / брзо

ud/uscat

мокро / сухо

cald/rece

топло / хладно

război/pace

рат / мир

antonime - супротности

0	**1**	**2**
zero	unu	doi
нула	један	два

3	**4**	**5**
trei	patru	cinci
три	четири	пет

6	**7**	**8**
şase	şapte	opt
шест	седам	осам

9	**10**	**11**
nouă	zece	unsprezece
девет	десет	једанаест

12

douăsprezece

дванаест

13

treisprezece

тринаест

14

paisprezece

четрнаест

15

cincisprezece

петнаест

16

şaisprezece

шестнаест

17

şaptesprezece

седамнаест

18

optsprezece

осамнаест

19

nouăsprezece

деветнаест

20

douăzeci

двадесет

100

o sută

стотину

1.000

o mie

хиљаду

1.000.000

un milion

милион

engleză
....
енглески

engleză americană
....
амерички енглески

chineza mandarină
....
мандарински кинески

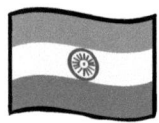

hindi
....
хиндски

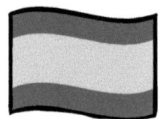

spaniolă
....
шпански

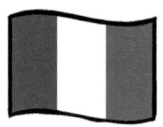

franceză
....
француски

arabă
....
арапски

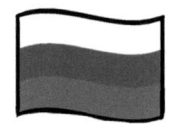

rusă
....
руски

protugheză
....
португалски

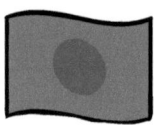

bengaleză
....
бенгалски

germană
....
немачки

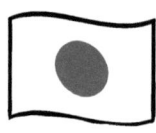

japoneză
....
јапански

eu

ja

tu

ти

el/ea

он / она / оно

noi

ми

voi

ви

ea

они

cine?

Ко?

ce?

Шта?

cum?

Како?

unde?

Где?

când?

Када?

nume

име

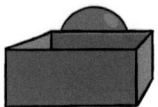

în spate

иза

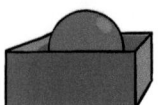

în

у

înainte

испред

peste

преко

pe

на

sub

испод

lângă

поред

între

између

loc

место